Dere i Dyfu

gyda
Dewi Draenog a
Beca Broga

y Lolfa

Diolch anferth i'r tîm cyfan yn y Lolfa am yr anogaeth a'r gefnogaeth wrth gyhoeddi'r llyfr hwn. Diolch i Meinir, Ali a Tanwen am yr holl waith yn ystod y misoedd diwethaf – ni fyddai modd cyhoeddi'r llyfr hwn heb eich brwdfrydedd chi.

Diolch arbennig i fy chwaer yng nghyfraith Rhian Jones am yr ysbrydoliaeth wrth greu Dewi Draenog a Beca Broga fel cymeriadau byw. Diolch hefyd i'm gwraig Sara am bob disgled o de a hwb i fwrw ati.

Rwy'n hynod ddiolchgar i'r dilynwyr ffyddlon ar y cyfryngau cymdeithasol a'r cefnogwyr brwd ledled Cymru. Mae pob sylw, neges a gwahoddiad caredig rydych wedi estyn imi dros y ddwy flynedd diwethaf wedi bod yn ysbrydoliaeth. Mae dod yn rhan o gymuned o bobl sydd yn rhannu'r un cariad a hoffter o arddio wedi gweddnewid fy mywyd. Diolch o galon.

Adam

Argraffiad cyntaf: 2021

© Hawlfraint Adam Jones a'r Lolfa Cyf., 2021

© Hawlfraint lluniau: Ali Lodge

Mae hawlfraint ar gynnwys y llyfr hwn ac mae'n anghyfreithlon llungopïo neu atgynhyrchu unrhyw ran ohono trwy unrhyw ddull ac at unrhyw bwrpas (ar wahân i adolygu) heb gytundeb ysgrifenedig y cyhoeddwyr ymlaen llaw

Cynllun y clawr: Tanwen Haf

Rhif Llyfr Rhyngwladol: 978 1 80099 130 9

Dymuna'r cyhoeddwyr gydnabod cymorth ariannol
Cyngor Llyfrau Cymru

Cyhoeddwyd ac argraffwyd yng Nghymru
ar bapur o goedwigoedd cynaliadwy gan
Y Lolfa Cyf., Talybont, Ceredigion SY24 5HE
e-bost ylolfa@ylolfa.com
gwefan www.ylolfa.com
ffôn 01970 832 304
ffacs 01970 832 782

CYNNWYS

1	Tyfu hadau	6
2	Tyfu ffrwythau	11
3	Tyfu blodau	19
4	Tyfu llysiau	25
5	Gofalu am yr ardd	31
6	Bywyd gwyllt	35
7	Gair gan Adam	45
8	Geirfa	46

TYFU HADAU

Mae Dewi Draenog eisiau **hau hadau** blodau haul ac mae Beca Broga yn llawn cyffro. Planhigion sy'n creu hadau ac mae hadau'n creu planhigion newydd. Mae un **hedyn** blodyn haul yn gallu creu cannoedd o hadau newydd. Pan mae'r hadau yn y **pridd** mae'r **plisgyn** yn torri ac mae **gwreiddiau** bach yn tyfu a hadau yn **egino**.

Dyma hadau blodau haul.

Mae hadau blodau haul yn rhoi bwyd i'r adar yn yr ardd yn ystod yr hydref.

Mae planhigion yn creu blodau. Mae gan flodau diwbiau hir sy'n storio powdwr mân o bob lliw. Dyma'r **paill**. Mae paill yn creu hadau newydd.

Mae gan flodau betalau lliwgar iawn sy'n denu pryfed i'r ardd (fel Gwen Gwenynen a Petra Pilipala). Maen nhw'n hedfan o flodyn i flodyn yn rhannu paill.

Weithiau, mae hadau a phaill yn mynd yn sownd yng nghot bigog Dewi Draenog ac mae e'n eu **gwasgaru** dros yr ardd.

DERE I HAU HADAU!

1. Mae angen pridd, dŵr a golau'r haul i dyfu hadau.
2. Rhaid cael potyn, pridd, label a phensil.
3. Mae cefn y pecyn hadau yn nodi pa amser o'r flwyddyn i hau'r hadau. Rydym yn hau hadau blodau haul yn y gwanwyn, rhwng mis Mawrth a mis Mai.

4 Llenwi potyn gyda phridd a'i wlychu gyda dŵr. Rhaid i blanhigion gael dŵr i fyw.

5 Creu tyllau bach i hau hadau. Mae Dewi Draenog yn hoffi defnyddio pensil i greu'r tyllau.

6 Ar ôl creu'r twll, rhaid gosod yr hedyn ynddo yn ofalus a'i **orchuddio** â'r pridd.

7 Ysgrifennu enw'r planhigyn ar label a'i osod wrth ochr y potyn er mwyn cofio beth sydd yn tyfu ynddo.

Mae blodau haul yn tyfu'n gryf ac yn dal, yn uwch na Beca Broga yn neidio, hyd yn oed! Mae angen help ar blanhigion tal i sefyll yn syth mewn gwyntoedd cryf. Bydd Dewi Draenog yn cadw'r blodau haul yn ddiogel drwy eu clymu'n sownd i ffyn bambŵ.

Wyt ti eisiau tyfu blodyn haul tal, yr un peth â Dewi Draenog a Beca Broga?

TYFU FFRWYTHAU

Heddiw, mae Dewi Draenog a Beca Broga yn tyfu ffrwythau. Mae ffrwythau yn tyfu ar blanhigion ym mhob rhan o'r byd. Mae sawl math o ffrwyth yn tyfu yng Nghymru, fel mefus ac afalau.

- mango
- oren
- afal
- gellygen
- banana
- grawnffrwyth

Mae hadau mewn ffrwythau. Mae gan rai ffrwythau, fel eirin gwlanog, un hedyn mawr, ac mae gan ffrwythau eraill hadau bach, bach, fel mefus.

Mae ffrwythau yn flasus ac yn fwyd iach. Beth yw dy hoff ffrwyth di?

- mefus
- eirin gwlanog

Mae planhigion mefus yn tyfu yng ngardd Beca Broga a Dewi Draenog.

Mae mefus yn llawn fitamin C ac yn troi'n goch, goch, pan fyddan nhw'n barod i'w bwyta. Mae mefus yn tyfu yn hapus braf yng Nghymru, fel yn y rhan fwyaf o'r byd. Mae sawl ffordd i fwyta mefus – eu bwyta yn ffres gyda hufen iâ, neu eu coginio a chreu jam i'w roi ar dost neu mewn brechdan.

Mae Dewi Draenog a Beca Broga wedi penderfynu plannu llwyth o fefus yn yr ardd. Maen nhw wrth eu boddau yn bwyta mefus ffres.

DERE I DYFU MEFUS!

Pryd ddylen ni blannu planhigion mefus?
Dylen ni blannu planhigion mefus rhwng mis Mawrth a a mis Mehefin.

Ble ddylen ni blannu'r planhigion mefus?

Mae'n bosib plannu'r planhigion mefus yn y ddaear, mewn potyn neu mewn **basged grog** a'u gosod mewn rhan heulog o'r ardd.

Can dyfrio

Offer:
- **Trywel**
- Planhigion mefus
- **Can dyfrio**
- **Pridd**

Sut i blannu mefus:
1 Gwneud twll yn y pridd gan ddefnyddio trywel.
2 Rhoi'r planhigyn mefus yn y twll.
3 Rhoi'r pridd yn ôl fel blanced ar waelod y coesyn. Ond paid â gorchuddio'r dail – mae angen golau ar ddail i dyfu.

Trywel

Sut mae gofalu am blanhigion mefus?

Mae'n rhaid rhoi dŵr i'r planhigion mefus pan fydd y pridd yn sych. Gwthia blaen dy fys i mewn i'r pridd. Os bydd dy fys yn lân ac yn sych ar ôl bod yn y pridd, mae angen dŵr ar y planhigion.

Rydyn ni'n defnyddio can dyfrio i roi dŵr i'r planhigion.

Mae'n rhaid rhoi rhwyd dros y planhigion i'w cadw'n ddiogel wrth i'r ffrwythau dyfu ac **aeddfedu**. Mae adar yn hoffi bwyta mefus hefyd, fel ni.

Mae **malwod** wrth eu bodd yn bwyta planhigion mefus. Os byddi di'n gweld malwen, cofia ei symud i ran arall o'r ardd, yn ddigon pell o'r mefus!

Hwrê, mae'r mefus yn barod i'w bwyta!
Ar ôl i'r ffrwythau gwyn droi'n goch, goch, mae'r mefus yn barod i'w bwyta.

Tynna'r mefus o'r planhigyn yn ofalus, a golcha'r mefus yn lân cyn eu bwyta. Mae tyfu a rhannu bwyd yn garedig. Beth am rannu'r mefus gyda'r teulu a ffrindiau?

TYFU BLODAU

Mae Beca Broga a Dewi Draenog yn mwynhau chwarae rhwng y blodau. Mae Dewi Draenog yn tyfu blodau o bob lliw a llun.

Glas yw hoff liw Dewi Draenog a heddiw mae wedi penderfynu plannu blodau glas yr ŷd. Mae blodau glas yn brin iawn ac yn bwysig i fyd natur. Bydd Gwen Gwenynen a Petra Pilipala wrth eu bodd yn peillio blodau glas yr ŷd.

Briallu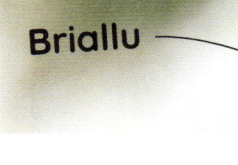

Mae blodau angen pridd, dŵr a golau'r haul i dyfu. Mae rhai blodau yn fach iawn ac mae rhai yn gallu tyfu'n fawr ac yn dal, fel bysedd y cŵn neu flodau haul.

Wrth ddewis ble i dyfu blodau, rhaid meddwl faint o olau haul sydd angen. Mae rhai angen llawer o haul ac mae rhai eraill angen ychydig o **gysgod**.

Tybed sut mae plannu blodau?

Rhaid plannu blodau glas yr ŷd yn yr hydref neu yn y gwanwyn er mwyn iddyn nhw flodeuo rhwng mis Mehefin a mis Medi.

DERE I BLANNU BLODAU!

Offer:
- Planhigion neu hadau blodau
- **Rhaca**
- Can dyfrio
- Label a phensil

Bysedd y Cŵn

Cennin Pedr

Rhaca

Sut i blannu blodau:
1 Tynnu **chwyn** o'r ardd gan ddefnyddio trywel.
2 Tacluso'r pridd gyda rhaca fel ei fod yn wastad.
3 Gwneud tyllau i blannu'r planhigion.
4 Rhoi ychydig o ddŵr ym mhob twll.
5 Codi'r planhigion o'u potiau bach a rhyddhau'r gwreiddiau yn ofalus iawn. Mae'r gwreiddiau yn torri'n hawdd ac yn edrych fel sbageti.

6 Rhoi'r planhigyn yn y twll ac yna roi pridd yn ôl wrth ymyl y coesyn. Gwthio'r pridd i lawr yn gadarn o'i gwmpas.

7 Ysgrifennu enw'r planhigyn ar y label a'i osod yn y pridd, er mwyn cofio beth sydd yn tyfu yno.

Mae blodau glas yr ŷd yn gryf – yn gryfach na phinnau Dewi Draenog hyd yn oed. Maen nhw'n tyfu'n hawdd, dim ond iddyn nhw gael digon o haul, a digon o ddŵr pan fydd y tywydd yn sych. Mae'r blodau'n bert iawn ac mae Dewi Draenog yn rhoi tusw fel anrheg i Beca Broga.

4 TYFU LLYSIAU

Mae Dewi Draenog wrth ei fodd yn tyfu pob math o lysiau yn yr ardd.

Mae llysiau yn fwyd **maethlon**, iachus ac yn flasus iawn. Mae llysiau yn blanhigion ac rydym yn bwyta gwahanol rannau, fel dail bresych a gwreiddiau moron.

Mae'r dail yn defnyddio golau'r haul i greu egni i'r planhigyn dyfu'n gryf. Mae'r gwreiddiau yn cael bwyd a dŵr o'r pridd ac yn dal y planhigion yn ddiogel yn eu lle.

Mae rhai llysiau yn tyfu uwch ben y pridd ac mae rhai'n tyfu o dan y pridd.

Edrychwch ar y llun. Enwch y rhai sy'n tyfu o dan y pridd a pha rai sy'n tyfu uwch ben y pridd, yn ymestyn tua'r haul.

Pannas

Sinsir

Garlleg

Ym mis Chwefror, rhaid paratoi'r tatws had yn barod i'w plannu. Mae'n rhaid cadw'r tatws mewn lle sych a chynnes. Mae Dewi Draenog yn gosod y tatws had mewn bocsys wyau gyda'r rhan gul yn pwyntio i fyny.

Ar ôl ychydig ddiwrnodau, bydd llygaid bach y tatws yn dechrau creu tyfiant newydd. Pan fydd yr egin wedi tyfu tua 1cm mae'n amser plannu'r tatws yn y bwced.

Fel arfer, byddwn yn plannu tatws yn y pridd ym mis Mawrth, Ebrill neu Mai.

Sut i dyfu tatws:

1. Gosod haenen o bridd yng ngwaelod y bwced.
2. Gosod y tatws yng ngwaelod y bwced gan adael bwlch rhwng pob un.
3. Llenwi'r bwced gyda phridd.
4. Rhoi'r bwced mewn lle heulog yn yr ardd a chyn pen dim bydd dail bach yn dechrau dangos ar wyneb y pridd a bydd y tatws yn tyfu yn gyflym.

Garddio gwych:
Cofia adael tua 3cm o fwlch rhwng top y bwced a'r pridd. Bydd hyn yn caniatáu i ddŵr gronni wrth ddyfrio ac yn helpu'r tatws i dyfu'n gryf.

Ar ôl plannu'r tatws yn y bwced, rhaid gofalu amdanyn nhw fel pob planhigyn byw. Mae angen tipyn o ddŵr ar datws i dyfu'n gryf. Ar ôl i'r tatws flodeuo, byddant yn barod i'w codi a'u bwyta.

Gallwn goginio pob math o fwydydd blasus o datws. Mae Dewi Draenog yn hoffi tatws potsh gyda menyn a Beca Broga wrth ei bodd â sglodion a digon o sos coch. Mmm!

Sut wyt ti'n hoffi dy datws?

5 GOFALU AM YR ARDD

Mae Dewi Draenog a Beca Broga yn hapus iawn yn eu gardd llawn blodau, ffrwythau a llysiau. Ar ôl plannu'r holl blanhigion mae'n bwysig iawn gofalu am bob peth.

Dere gyda Dewi Draenog i ofalu am yr ardd gyda help llaw Beca Broga.

Y dasg gyntaf yw chwynnu. Planhigion gwyllt yw chwyn. Mae chwyn yn gallu tyfu dros yr ardd i gyd. Maen nhw'n cystadlu am fwyd a dŵr y planhigion sydd wedi cael eu plannu. Weithiau, mae Dewi Draenog a Beca Broga yn mynd i helpu Adam yn yr ardd.

Dyma ardd Adam.

Mae Dewi Draenog a Beca Broga yn codi'r chwyn sydd wrth y llysiau er mwyn sicrhau bod y llysiau'n tyfu'n iach ac yn gryf.

Dyw pob chwyn ddim yn ddrwg i'r ardd. Mae Dewi Draenog yn gadael i chwyn dyfu wrth ochr yr ardd. Mae Beca Broga wrth ei bodd yn neidio rhwng y chwyn.

Mae chwyn yn cynnig bwyd a **lloches** i fywyd gwyllt. Wedi'r cyfan, mae'r ardd yn gartref i bob math o greaduriaid.

Chwyn yw dant y llew, sy'n flodyn melyn pert, ac mae'n llesol iawn i fywyd gwyllt, yn enwedig Gwen Gwenynen.

Mae dant y llew yn edrych yn ddel yn tyfu yn y porfa ...

DERE I CHWYNNU!

1 Rhaid gwneud yn siŵr dy fod yn gwybod pa blanhigion rwyt ti'n chwynnu o'r ardd.
2 Cydio mewn trywel neu fforch a'i wthio i'r ddaear o amgylch y chwyn.
3 Codi'r planhigyn, y gwreiddyn a'r dail i gyd, a'u rhoi ar y **domen** i **bydru**.
4 Tacluso'r pridd lle'r oedd y chwyn yn tyfu.

... ond mae'r hadau dant y llew yma yn hedfan dros y lle i gyd!

Mae planhigion yn defnyddio **maeth** o'r tir i dyfu, felly mae angen bwydo'r pridd bob blwyddyn i wneud yn siŵr bod digon o fwyd i holl blanhigion yr ardd. Mae Dewi Draenog yn gosod haen o bridd da, toriadau porfa a sglodion pren ar wyneb y pridd i fwydo'r planhigion.

Cofia, bydd Mali Mwydyn yn dy helpu i fwydo'r tir hefyd wrth gymysgu'r maeth yn ddwfn i'r pridd.

BYWYD GWYLLT

Mae'r ardd yn gartref i bob math o **greaduriaid** pwysig. Mae Dewi Draenog a Beca Broga yn gweithio'n galed yn yr ardd bob dydd. Byddai'r ardd yn lle diflas a di-liw heb eu help, a byddai'n anodd iawn i'r planhigion dyfu'n hapus a chryf.

Dere i weld sut allwn ni ddenu mwy o greaduriaid bach, fel y fuwch goch gota yma, i helpu yn yr ardd.

buwch goch gota

morgrugyn

lindysyn

Mae gan Dewi Draenog gartref clyd ond mae angen creu cartref arall i ddenu mwy o ddraenogod i'r ardd.

DERE I ADEILADU CARTREF I DDRAENOGOD!

Offer:
- Bocs pren neu blastig
- Gwellt neu bapur wedi'i dorri'n stribedi
- Oedolyn i dorri twll yn y bocs
- Dail a brigau coed

Sut mae adeiladu cartref draenog?
1 Rhaid gosod y bocs mewn man cysgodol a diogel – dim gormod o haul na gwynt cryf.
2 Oedolyn i dorri twll 10cm x 10cm mewn un ochr o'r bocs.
3 Gwneud yn siŵr bod y tir yn wastad a'i roi yn agos at glawdd neu lwyni llawn dail a thyfiant. Bydd lle gyda'r draenog wedyn i guddio a chwilio am fwyd blasus.
4 Ar ôl rhoi'r bocs yn ei le, gosod pentwr o wellt neu stribedi o bapur y tu fewn.
5 Gorchuddio'r bocs â dail a brigau fel ei fod yn edrych yn rhan naturiol o'r ardd.

Gwas y Neidr

Mae Beca Broga yn byw o dan gerrig a brigau ond yn y gwanwyn mae'n mwynhau nofio mewn pwll o ddŵr. Mae pwll natur yn gartref i fywyd gwyllt o bob math. Bydd Gwilym Gwas y Neidr a Llio Llyffant yn siŵr o ymweld â Beca Broga yn yr ardd.

DERE I GREU PWLL NATUR GWYLLT!

Offer:
- Bocs neu badell sy'n dal dŵr
- **Gro mân** a cherrig
- Planhigion dŵr

Lili'r Dŵr

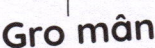
Gro mân

Sut mae adeiladu pwll natur gwyllt?
1. Palu twll ychydig yn fwy o faint na'r bocs neu badell sy'n dal dŵr.
2. Gosod y badell yn y twll a rhoi cerrig o'i gwmpas.
3. Rhoi'r gro mân yng ngwaelod y badell.
4. Plannu planhigion dŵr fel gold y gors neu lili'r dŵr. Mae creaduriaid o bob math wrth eu bodd â phlanhigion dŵr.
5. Llenwi'r pwll gyda dŵr.

Mae Beca Broga a Dewi Draenog yn hapus eu byd yn yr ardd, yn chwarae rhwng y blodau, y ffrwythau a'r llysiau. Rwyt ti wedi creu lle yn yr ardd i natur fwynhau hefyd.

Rhyw ddiwrnod, bydd Dewi Draenog a Beca Broga yn dy ardd di. Diolch i ti am greu lle hyfryd iddyn nhw fyw.

GAIR GAN ADAM

Cychwynnwyd cyfrif Instagram **@adamynyrardd** yn ôl ym mis Awst 2018 gyda'r bwriad o rannu fy nhaith i a Sara, fy ngwraig, wrth geisio byw bywyd lled hunangynhaliol.

Mae'r cyfrif yn cynnwys lluniau a fideos o'r ardd, gwybodaeth a chyngor garddio i arddwyr profiadol a newydd, yn ogystal â rhannu pleserau byw bywyd syml oddi ar y tir.

Un o brif amcanion sefydlu @adamynyrardd yw creu cynnwys garddio Cymraeg ar y we a thrwy hynny hyrwyddo defnydd y Gymraeg yn ogystal â rhannu diwylliant a thraddodiadau garddio unigryw Cymru â gweddill y byd.

Erbyn hyn rwy'n cyfrannu'n gyson i raglenni teledu a radio, yn cynnal sesiynau garddio gydag ysgolion a grwpiau cymunedol ac yn barod iawn i rannu fy ngwybodaeth. Gallwch ddod o hyd i fwy o wybodaeth trwy ymweld â'r wefan!

Cymuned yw byd garddio, mae'n cynnwys rhannu syniadau a chyngor gydag eraill a dysgu pob math o bethau wrth ein gilydd. Rwy'n awyddus iawn i drosglwyddo fy ngwybodaeth am arddio gyda phlant a phobl ifanc a pha ffordd well na chyhoeddi llyfr garddio i blant. Mae ysgrifennu **Dere i dyfu** wedi bod yn gymaint o hwyl, yn her, ac yn brofiad arbennig.

www.adamynyrardd.cymru

GEIRFA

aeddfedu (*to ripen*) – ar ôl i'r ffrwyth aeddfedu, mae'n barod i'w fwyta

basged grog (*hanging basket*) – basged llawn blodau neu lysiau sy'n hongian ar wal y tŷ

can dyfrio (*watering can*) – bwced i arllwys dŵr dros blanhigion

coesyn / coesynnau (*stem(s)*) – darn hir, tenau ar blanhigyn, rhwng y gwreiddyn a'r blodyn

creadur / creaduriaid (*creature(s)*) – gair arall am anifail

cysgod (*shade*) – lle sydd allan o olau'r haul

chwyn (*weeds*) – planhigion sy'n tyfu lle does dim eu hangen

egino (*to sprout*) – pan mae planhigyn yn dechrau tyfu allan o'r had

gorchuddio (*to cover*) – cuddio drwy roi rhywbeth ar ei ben

gro mân (*gravel*) – cymysgedd o gerrig bach a mân

gwasgaru (*to scatter*) – mynd dros bob man

gwreiddyn / gwreiddiau (*root(s)*) – rhan o'r planhigyn sydd o dan y pridd

hedyn / hadau (*seed(s)*) – o hedyn bach mae planhigyn mawr yn tyfu

lloches (*shelter*) – lle diogel

maeth (*nourishment / nutrition*) – bwyd sy'n llawn pethau da ac sy'n gwneud i bethau dyfu'n iach

maethlon (*nourishing / nutritious*) – yn llawn maeth / pethau iach

malwen / malwod (*snail(s)*) – anifeiliaid bach llysnafeddog (*slimy*) sy'n llusgo'n araf ar hyd y llawr

offer (*equipment*) – pethau i'w defnyddio i greu rhywbeth

paill (*pollen*) – powdwr sy'n fwyd i'r peillwyr ac yn helpu planhigion i greu hadau newydd

plannu (*to plant*) – rhoi planhigion neu hadau yn y pridd i dyfu

plisgyn (*outer covering – shell, pod, husk*) – y deunydd sych, caled, sydd o gwmpas rhai hadau neu ffrwythau

pridd (*soil*) – haenen uchaf, feddal, brown neu ddu, lle mae planhigion yn tyfu

pydru (*to rot*) – gadael i bethau fynd yn hen, fel bwyd a phlanhigion, a'u gadael i dorri lawr

rhaca (*rake*) – offer sydd â choes hir â dannedd i gasglu pethau fel dail a chwyn o'r llawr

tomen (*heap*) – pentwr o bethau ar ben ei gilydd

trywel (*trowel*) – offer, fel llwy, i droi'r pridd